Impressum
Verlag: BABADADA GmbH, Nedderfeld 112 , 22529 Hamburg
Geschäftsführer / Verlagsleitung: Harald Hof
Druck: Books on Demand GmbH, In de Tarpen 42, 22848 Norderstedt

Imprint
Publisher: BABADADA GmbH, Nedderfeld 112 , 22529 Hamburg, Germany
Managing Director / Publishing direction: Harald Hof
Print: Books on Demand GmbH, In de Tarpen 42, 22848 Norderstedt, Germany

1

ትምህርት ቤት

escuela

መማሪያ ክፍል
aula
ማካፈል
dividir
186/2
ሰሌዳ
mesa
የትምህርት ቤት ቅጥር ግቢ
patio de escuela
መምህር
docente
ወረቀት
papel
escribir
እስክሪብቶ
bolígrafo
መፃፊያ ጠረጴዛ
escritorio
ማስመሪያ
regla
መጽሐፍ
libro
ተማሪ
alumno

የጀርባ ቦርሳ

mochila escolar

የእርሳስ መያዣ

caja de lápices

እርሳስ

lápiz

የእርሳስ መቅረጫ

sacapuntas

ላጲስ

goma de borrar

የስዕል ደብተር

bloc de dibujo

ስዕል

dibujo

የቀለም ብሩሽ

pincel

የቀለም ሳጥን

caja de pinturas

መቀስ

tijera

ማጣበቂያ

pegamento

መልመጃ ደብተር

libro de ejercicios

የቤት ስራ

tarea

ቁጥር

número

መደመር

sumar

መቀነስ

restar

ማባዛት

multiplicar

ቁጥሮችን ማስላት

calcular

A

ደብዳቤ

letra

ABCDEFG
HIJKLMN
OPQRSTU
VWXYZ

ፊደላት

alfabeto

ቃል

palabra

ፅሑፍ
texto

ማንበብ
leer

ጠመኔ
tiza

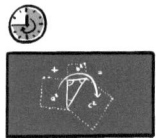

ትምህርት
lección

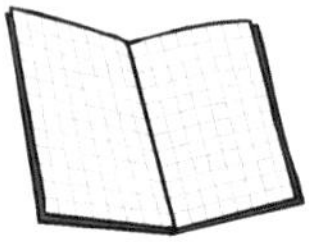

ምዝገባ
libro de clase

ፈተና
examen

ሰርተፊኬት
certificado

የትምህርት ቤት የደንብ ልብስ
uniforme escolar

ትምህርት
educación

አዉደ ጥበብ
enciclopedia

ዩኒቨርስቲ
universidad

የምርምር አጉሊ መሳርያ
microscopio

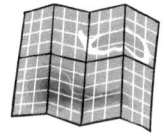

ካርታ
mapa

የቆሻሻ ወረቀት መጣያ ቅርጫት
cesto de papeles

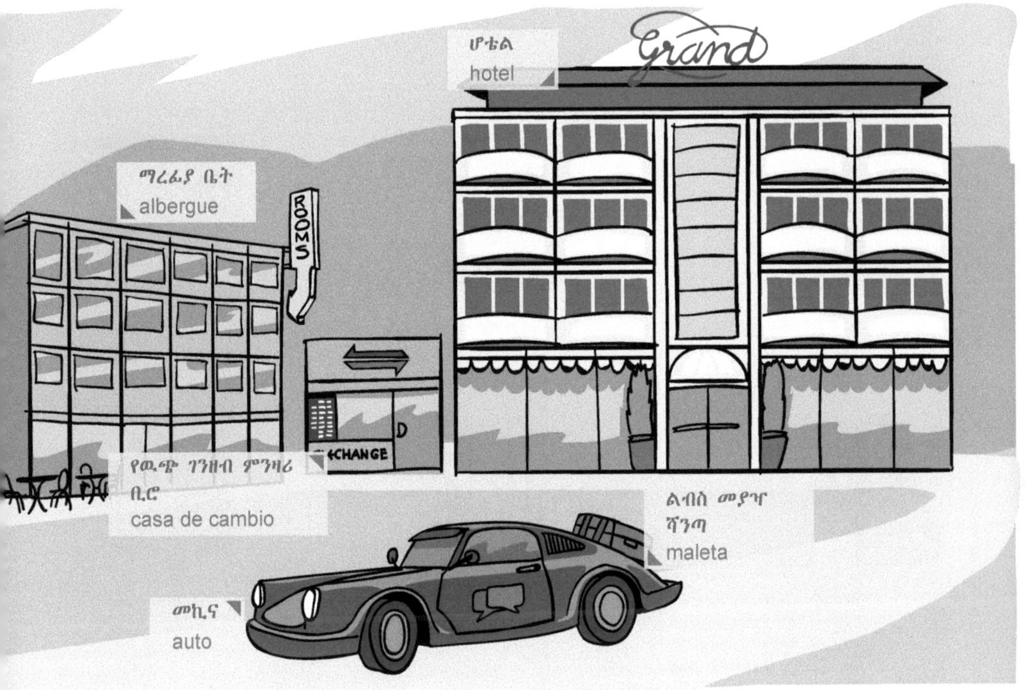

ሆቴል
hotel

Grand

ማረፊያ ቤት
albergue

የዉጭ ገንዘብ ምንዛሪ
ቢሮ
casa de cambio

ልብስ መያዣ
ሻንጣ
maleta

መኪና
auto

ቋንቋ
idioma

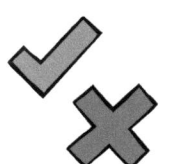

አዎ/ አይደለም
sí / no

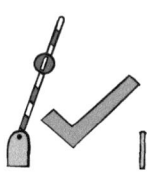

እሺ
ok

ሰላም
hola

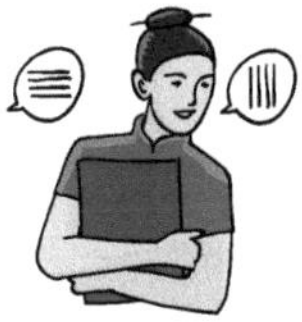

አስተርጓሚ
intérprete

አመሰግናለሁ
gracias

ስንት ነዉ.......?

¿Cuánto cuesta...?

አልገባኝም

No entiendo

እክል

problema

እንደምን አመሹ!

¡Buenas tardes!

እንደምን አደሩ!

¡Buenos días!

መልካም ምሽት!

¡Buenas noches!

ደህና ይሰንብቱ

adiós

አቅጣጫ

dirección

ሻንጣ

equipaje

ቦርሳ

bolso

የጀርባ ቦርሳ

mochila

እንግዳ

invitado

ክፍል

cuarto

የመተኛ ቦርሳ

saco de dormir

ድንኳን

tienda de campaña

የጎብኚዎች መረጃ

....

información al turista

የባህር ዳርቻ

....

playa

ክሬዲት ካርድ

....

tarjeta de crédito

ቁርስ

....

desayuno

ምሳ

....

almuerzo

እራት

....

cena

ቲኬት

....

pasaje

አሳንሰር

....

ascensor

ማህተም

....

sello

ድንበር

....

límite

ባህሎች

....

aduana

ኤምባሲ

....

embajada

ቪዛ/የይለፍ ወረቀት

....

visa

ፓስፖርት

....

pasaporte

transporte

አዉሮፕላን
avión
መርከብ
barco
የእሳት አደጋ መኪና
coche de bomberos
አዉቶብስ
bus
የጭነት መኪና
camión
የሞተር ጀልባ
lancha a motor
ብስክሌት
bicicleta
መኪና
auto

የማመላለሻ ጀልባ

balsa

ጀልባ

lancha

የሞተር ብስክሌት

motocicleta

የፖሊስ መኪና

auto de policía

የዉድድር መኪና

auto de carreras

የኪራይ መኪና

auto de alquiler

የመኪና መጋራት

alquiler de autos

ጎታች መኪና

grúa

የቆሻሻ ጭነት መኪና

vehículo recolector de basura

ሞተር

motor

ነዳጅ

gasolina

የቤንዚን ማደያ

gasolinera

የመንገድ ምልክት

señal de tráfico

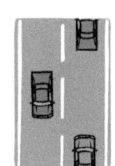

የመኪኖች እንቅስቃሴ

tránsito

የመኪና መጨናነቅ

atasco

የመኪና ማቆሚያ

estacionamiento

የባቡር ጣቢያ

estación de tren

የባቡር ሀዲዶች

carril

ባቡር

tren

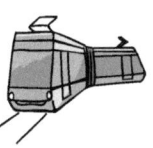

የኤሌክትሪክ ባቡር

tranvía

ሰረገላ

vagón

ሄሊኮፕተር

helicóptero

አየር ማረፊያ

aeropuerto

ማማ

torre

መንገደኛ

pasajero

ማስቀመጫ፤ ማጠራቀሚያ

contenedor

ካርቶን እቃ ማሸጊያ

caja de cartón

ጋሪ፤ ተሳቢ

carro

ቅርጫት

cesta

መነሳት/ ማረፍ

despegar / aterrizar

ከተማ

ciudad

መንደር

aldea

የከተማ ማዕከል

centro de la ciudad

ቤት

casa

ሲኒማ
cine

ማስታወቂያ
publicidad

የመንገድ ዳር
መብራት
farol

መንገድ
calle

ታክሲ
taxi

የቁርስ መቆያ ሱቅ
kiosco

እግረኛ
peatón

ድንጋይ የተነጠፈበት የእግረኛ
መንገድ
acera

የእግረኛ መሻገሪያ
paso de cebra

የቆሻሻ ማጠራቀሚያ
cubo de la basura

ማቋረጫ
cruce

የትራፊክ
መብራቶች
semáforo

ጎጆ
....
cabaña

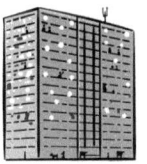

አፓርታማ
....
apartamento

የባቡር ጣቢያ
....
estación de tren

የከተማ አዳራሽ
....
ayuntamiento

ቤተ መዘክር
....
museo

ትምህርት ቤት
....
escuela

ከተማ - ciudad

11

ዩኒቨርስቲ

universidad

ባንክ

banco

ሆስፒታል

hospital

ሆቴል

hotel

መድሐኒት ቤት

farmacia

ቢሮ

oficina

መፅሐፍ መሸጫ

librería

ሱቅ

negocio

የአበባ መሸጫ

florería

የሸቀጣ ሸቀጥ መደብር

supermercado

ገበያ ስፍራ

mercado

መደብር

grandes almacenes

የዓሳ ነጋዴ

pescadería

የገበያ ማዕከል

centro comercial

ወደብ

puerto

መናፈሻ ቦታ
....
parque

አግዳሚ ወንበር
....
banco

ድልድይ
....
puente

ደረጃዎች
....
escalera

ዉስጥ ለዉስጥ
....
metro

ዋሻ
....
túnel

የአዉቶቡስ ፌርማታ
....
parada de autobuses

ባር
....
bar

ምግብ ቤት
....
restaurante

የፖስታ ሳጥን
....
buzón de correo

የመንገድ ምልክት
....
letrero

የመኪና ማቆሚያ ሒሳብ የሚያሰላ
....ማሽን....
parquímetro

የደር እንስሳት ማቆያ
....
zoológico

የመዋኛ ገንዳ
....
piscina

መስጊድ
....
mezquita

እርሻ

granja

የሚበክል ነገር

polución

መቃብር ስፍራ

cementerio

ቤተ ክርስቲያን

iglesia

መጫወቻ ሜዳ

parque infantil

ቤተ መቅደስ

templo

መልከዓምድር
paisaje

ቅ ል
hoja

የመንገድ ላይ ምልክት
indicador de camino

መንገድ
sendero

አረንጓዴ መስክ
pradera

ድንጋይ
piedra

ዛፍ
árbol

በእ ፉ የሚጓዝ
caminante

ወንዝ
río

ሣር
pasto

አበባ
flor

ሸለቆ

valle

ኮረብታ

montaña

ሀይቅ

lago

ጫካ

bosque

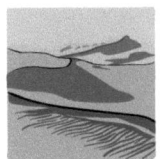

በረሃ

desierto

እሳተ ገሞራ

volcán

ግምብ

castillo

ቀስተ ዳመና

arco iris

እንጉዳይ

seta

የቴምብር ዛፍ/ ዘንባባ

palmera

ቢንቢ/ የወባ ትንኝ

mosquito

በራሪ

mosca

ጉንዳን

hormiga

ንብ

abeja

ሸረሪት

araña

ጢንዚዛ

escarabajo

እንቁራሪት

rana

ሽኮኮ

ardilla

ጃርት

erizo

ጥንቸል

liebre

ጉጉት ወፍ

lechuza

ወፍ

pájaro

የዉሃ ዳክዬ

cisne

ከርከሮ

jabalí

አጋዘን

ciervo

አጋዘን

alce

ግድብ

embalse

በነፋስ የሚሽከረከር

aerogenerador

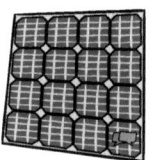

የፀሀይ ፓኔሎ

módulo solar

አየር ንብረት

clima

ምግብ ቤት
restaurante

አስተናጋጅ
camarero
ማዉጫ
carta del menú
ወንበር
silla
ሾርባ
sopa
ፒዛ
pizza
መክተፊያ
cubiertos
የጠረጴዛ ጨርቅ
mantel

የምግብ ፍላጎትን የሚከፍት ምግብ
entrada

ዋና ምግብ
plato principal

ማጣጣሚያ ተከታይ ምግብ
postre

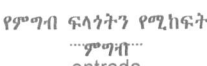

መጠጦች
bebida

ምግብ
comida

ጠርሙስ
botella

ፈጣን ምግብ

comida rápida

የመንገድ ምግብ

comida callejera

የሻይ ማንቆርቆሪያ

tetera

የስኳር እቃ

azucarera

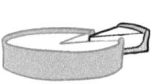

ድርሻ

porción

የቡና ማፊያ ማሽን

máquina de espresso

ባለጌ ወንበር

silla alta

የክፍያ ደረሰኝ

factura

ትሪ

bandeja

ቢላዋ

cuchillo

ሹካ

tenedor

ማንኪያ

cuchara

የሻይ ማንኪያ

cuchara de té

ልብስ ምግብ እንዳይነካ የሚረዳ ጨርቅ

servilleta

ብርጭቆ

vaso

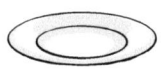

ዝርግ ሰሀን
....
plato

የሾርባ ጎድጓዳ ሰሀን
....
plato de sopa

የስኒ ማስቀመጫ
....
platillo

ማጣፈጫ ስጎ
....
salsa

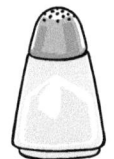

የጨዉ እቃ
....
salero

የተፈጨ ቃሪያ
....
molinillo para pimienta

ኮምጣጤ
....
vinagre

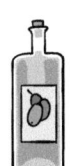

የምግብ ዘይት
....
aceite

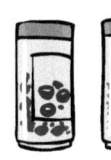

ቀመማ ቅመሞች
....
especias

የቲማቲም ድልህ
....
ketchup

ሰናፍጭ
....
mostaza

ማዮኒዝ
....
mayonesa

የሸቀጣ ሸቀጥ መደብር

supermercado

ልዩ አቅራቦት
oferta
FOR
ደምበኛ
cliente
የወተት ተዋፅዖ
productos lácteos
ባለ ጎማ የእጅ ጋሪ
carrito de compras
ፍራፍሬ
fruta

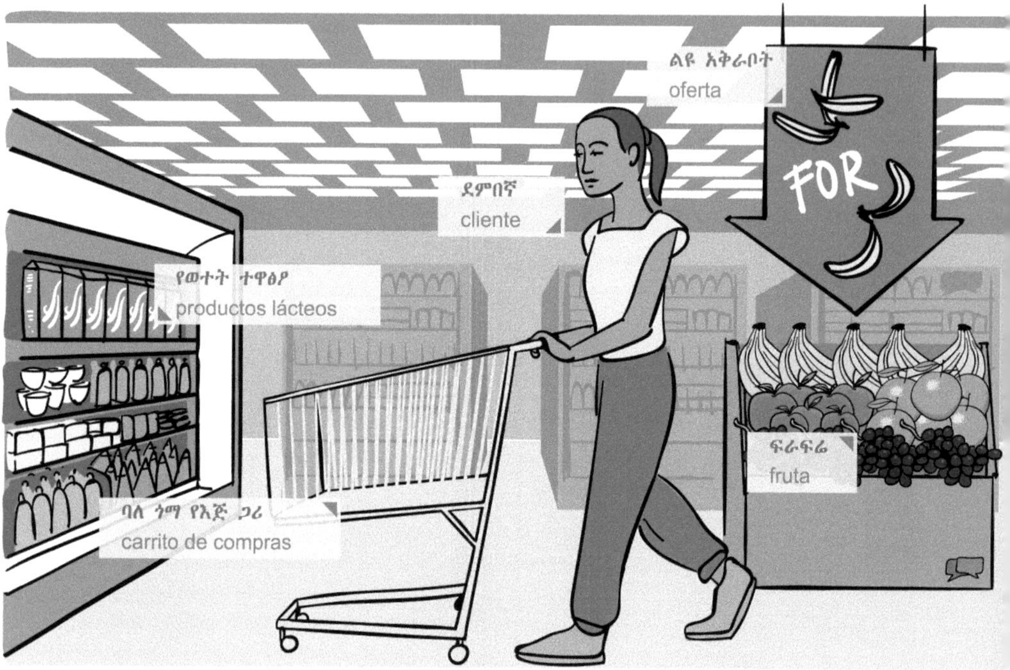

ሉካንዳ ነጋዴ

carnicería

መጋገርያ

panadería

ክብደት መመዘን

pesar

ቅጠላ ቅጠል አትክልት

verdura

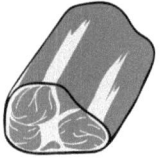

ስጋ

carne

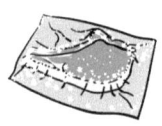

የቀዘቀዘ/የረጋ ምግብ

alimentos congelados

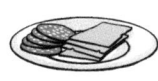

ቀዝቃዛ ቁራጭ
fiambre

የታሸገ ምግብ
conservas

የማጠቢያ ዱቄት
detergente en polvo

ጣፋጮች
dulces

የቤት ዉስጥ ዉጤቶች
artículos domésticos

የፅዳት ምርቶች
productos de limpieza

የሽያጭ ባለሙያ
vendedora

የገንዘብ መመዝቢያ ማሽን
caja

የሒሳብ ሰራተኛ
cajero

የግዢ ዝርዝር
lista de compras

ክፍት ሰዓታት
horario de atención

የኪስ ቦርሳ
cartera

ክሬዲት ካርድ
tarjeta de crédito

ቦርሳ
maleta

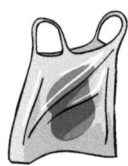

የፕላስቲክ ቦርሳ
bolsa plástica

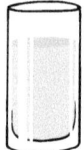

መጠጦች

bebida

ዉሃ

agua

ጭማቂ

jugo

ወተት

leche

ኮካ-ኮላ

refresco de cola

ወይን

vino

ቢራ

cerveza

አልኮል

alcohol

ኮካ

cacao

ሻይ

té

ቡና

café

የተፈላ ቡና

espresso

ካፑቺኖ

cappuccino

ሙዝ

banana

ፖም

manzana

ብርቱካን

naranja

ሀብሀብ

sandía

ሎሚ

limón

ካሮት

zanahoria

ነጭ ሽንኩርት

ajo

ሸምበቆ

bambú

ቀይ ሽንኩርት

cebolla

እንጉዳይ

seta

ለዉዝ

nueces

የህፃናት ምግብ

fideos

ፓስታ

espagueti

ሩዝ

arroz

ሰላጣ

ensalada

የድንች ጥብስ

patatas fritas

ድንች ጥብስ

patatas salteadas

ፒዛ

pizza

ዳቦ ዉስጥ በስሱ ተጠብሶ የገባ ስጋ

hamburguesa

ሳንድዊች

sándwich

ጥሬ ስጋ

escalope

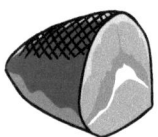

የአሳማ ስጋ

jamón

በቅመምና በጨዉ የታሸ ምግብ
ቀዝቅዞ የሚበላ ሾርባ ምግብ

salame

ቋሊማ

embutido

ዶሮ

pollo

ጥብስ

asado

አሳ

pescado

የአጃ ገንፎ

copos de avena

ከወተት ጋር ተደባልቀዉ የሚበሉ ምግቦች

musli

የበቆሎ ቅርፊት

copos de maíz tostado

ዱቄት

harina

ኩራሳ

croissant

ድብልብል ዳቦ

panecillo

ዳቦ

pan

መጥበስ

tostada

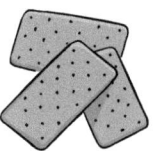

ብስኩት

galletas

ቅቤ

mantequilla

እርጎ

cuajada

ኬክ

pastel

እንቁላል

huevo

እንቁላል ጥብስ

huevo frito

አይብ

queso

የበረዶ ክሬም

helado

ስኳር

azúcar

ማር

miel

ማርማላት

mermelada

የተናጠ የወተት ክሬም

praliné

ማጣፈጫ

curry

እርሻ
granja

የገበሬ ቤት
casa de labranza
የእህልና የከብት ማቀመጫ ቤት
pajar
የጭድ ክምር
paca de paja
ሜዳ
campo
ፈረስ
caballo
ተሳቢ መኪና
remolque
የፈረስ ርንጭላ
potro
የእርሻ መኪና
tractor
አህያ
asno
በግ
oveja
የበግ ጠቦት
cordero

ፍየል

cabra

ላም

vaca

ጥጃ

ternero

አሳማ

cerdo

ግልገል አሳማ

lechón

ኮርማ

toro

ዝይ

....

ganso

ዳክዬ

....

pato

የዶሮ ጫጩት

....

polluelo

ዶሮ

....

pollo

አዉራ ዶሮ

....

gallo

አይጥ

....

rata

ደድመት

....

gato

አይጥ

....

ratón

በሬ

....

buey

ዉሻ

....

perro

የዉሻ ቤት

....

caseta del perro

የአትክልት ቦታ

....

manguera de riego

ዉሃ ማጠጫ ባልዲ

....

regadera

ረጅም ማጭድ

....

guadaña

ማረሻ

....

arado

ማጭድ
hoz

መኮትኮቻ
azada

የእህል መንሽ
bieldo

መጥረቢያ
hacha

ኩርኩር/ የእጅ ጋሪ
carretilla

ገንዳ
abrevadero

የወተት ዕቃ
lechera

ጆንያ ከረጢት
saco

አጥር
cerca

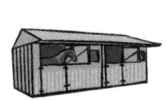

የፈረስ ጋጣ
establo

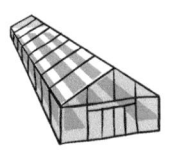

ዕፅዋት ማሳደጊያ የመስታዉት ቤት
invernadero

አፈር
suelo

ዘር
semilla

የመሬት ማዳበሪያ
fertilizante

ጥምር ማረሻ
cosechadora

አዝመራ መሰብሰብ

cosechar

አዝመራ

cosecha

ድንች

raíz de ñame

ስንዴ

trigo

ሶያ

soja

ድንች

patata

በቆሎ

maíz

የከብት መኖ

colza

የፍሬ ዛፍ

Árbol frutal

የካሳቫ ዛፍ

mandioca

እህል

cereales

ቤት

casa

chimenea
techo
አሸንዳ
canalón
መስኮት
ventana
ጋራዥ
garaje
የበር ደወል
timbre
በር
puerta
የቆሻሻ ማጠራቀሚያ
cubo de la basura
ፖስታ ሳጥን
buzón de correo
የአትክልት ቦታ
jardín

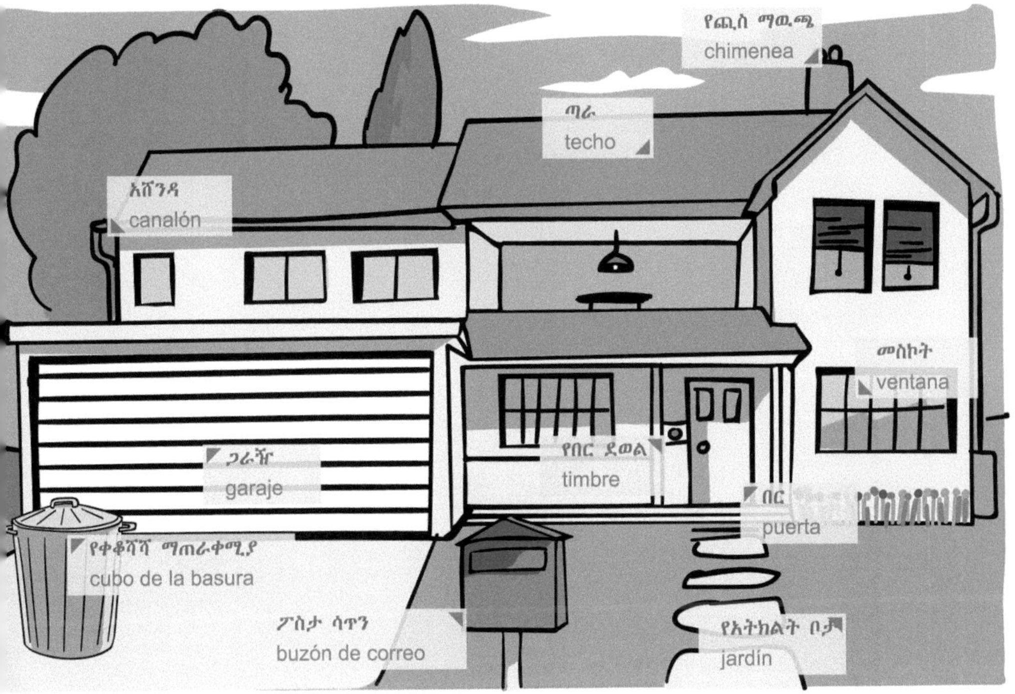

ሳሎን

cuarto de estar

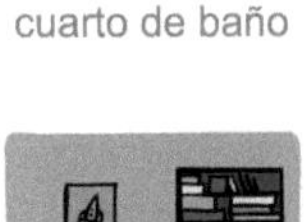

መታጠቢያ ቤት

cuarto de baño

ማድቤት

cocina

መኝታ ቤት

dormitorio

የልጅ ክፍል

cuarto de los niños

መመገቢያ ክፍል

comedor

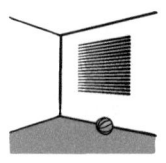

ወለል
....
piso

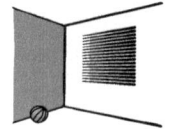

ግድግዳ
....
pared

ጣሪያ
....
cielorraso

ምድር ቤት
....
sótano

በእንፋሎት ሙቀት መታጠቢያ
·····ቤት·····
sauna

ሰገነት
....
balcón

ከፍ ያለ መደብ
....
terraza

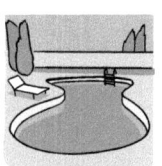

የመዋኛ ገንዳ
....
piscina

የማጨጃ መኪና
....
cortacésped

አንሶላ
....
funda nórdica

የአልጋ ልብስ
....
edredón

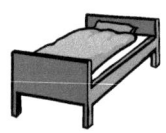

አልጋ
....
cama

መጥረጊያ
....
escoba

ባልዲ
....
cubo

ማብሪያና ማጥፊያ
....
interruptor

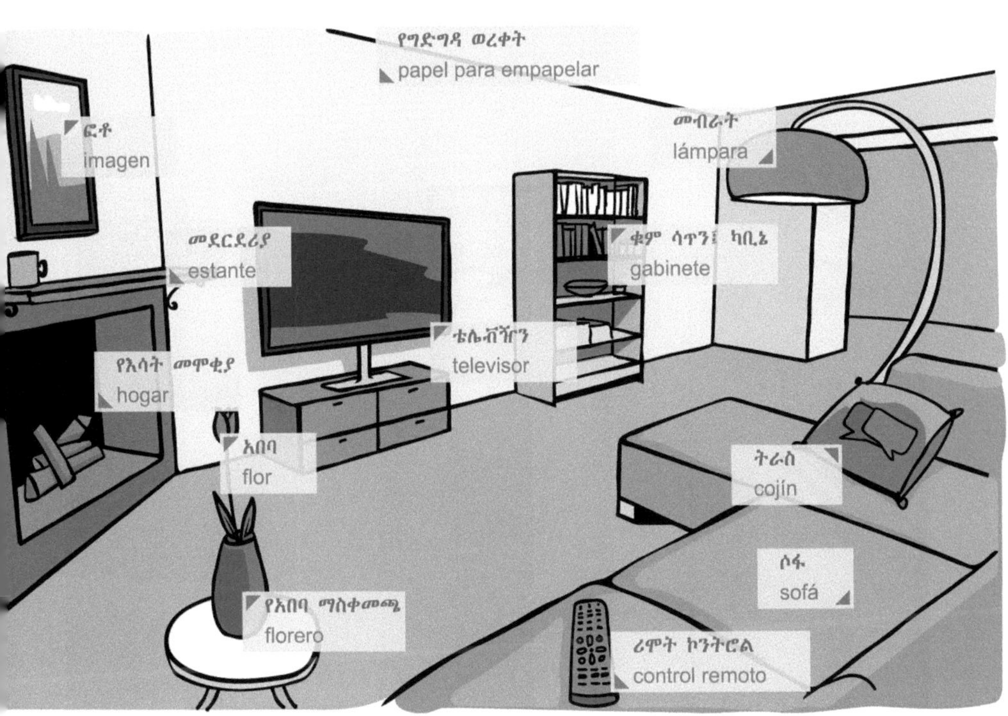

የግድግዳ ወረቀት
papel para empapelar

መብራት
lámpara

ፎቶ
imagen

መደርደሪያ
estante

ቁም ሳጥን፣ ካቢኔ
gabinete

የእሳት መሞቂያ
hogar

ቴሌቪዥን
televisor

አበባ
flor

ትራስ
cojín

ሶፋ
sofá

የአበባ ማስቀመጫ
florero

ሪሞት ኮንትሮል
control remoto

ንጣፍ

alfombra

መጋረጃ

cortina

ጠረጴዛ

mesa

ወንበር

silla

ተወዛዋዥ ወንበር

mecedora

ባለመደገፊያ ወንበር

sillón

መጽሐፍ

libro

ብርድ ልብስ

frazada

ጌጥ

decoración

ማገዶ

leña

ፊልም

film

የሙዚቃ መማጫወቻ

equipo estereofónico

ቁልፍ

llave

ጋዜጣ

periódico

ስዕል

cuadro

የተለጠፈ ማስታወቂያ እንደ ስዕል

póster

ራዲዮ

radio

ማስታወሻ ደብተር

bloc de notas

የአየር ማፅጃ ለምንጣፍ

aspiradora

ቁልቋል

cactus

ሻማ

vela

cocina

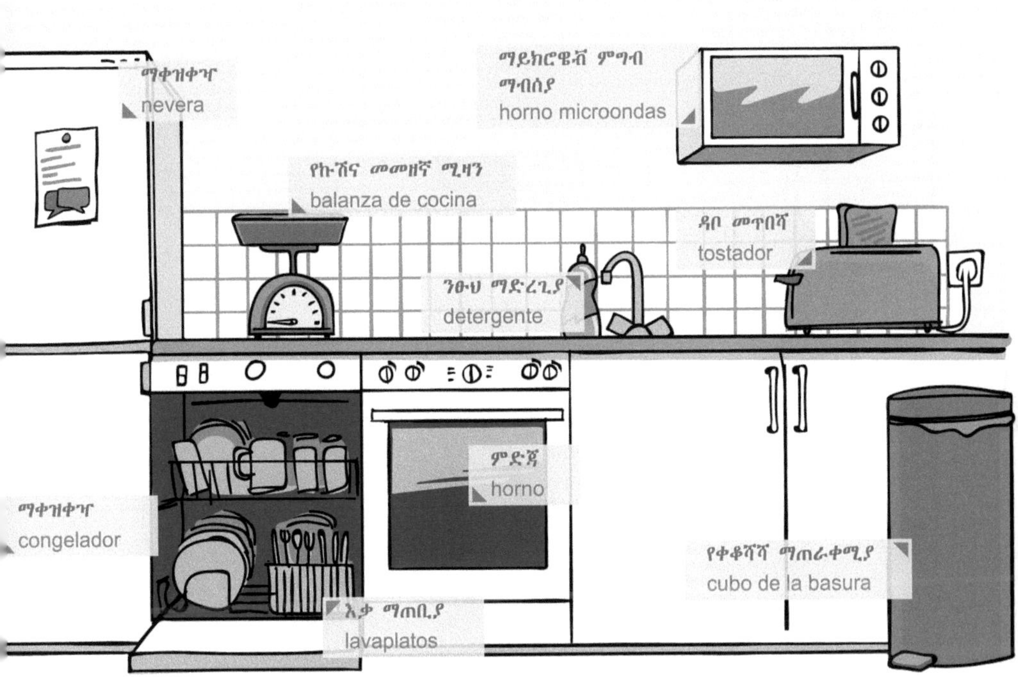

ማቀዝቀዣ
nevera
ማይክሮዌቭ ምግብ ማብሰያ
horno microondas
የኩሽና መመዘኛ ሚዛን
balanza de cocina
ዳቦ መጥበሻ
tostador
ንፁህ ማድረጊያ
detergente
ምድጃ
horno
ማቀዝቀዣ
congelador
የቆሻሻ ማጠራቀሚያ
cubo de la basura
እቃ ማጠቢያ
lavaplatos

ምግብ አብሳይ

cocina

ማሰሮ

olla

የብረት ማሰሮ

olla de fundición de hierro

ምግብ ማብሰያ ዝርግ ድስት

wok / kadai

የምግብ መጥበሻ

sartén

ማንቆርቆሪያ

hervidor de agua

የእንፋሎት ማብሰያ

....

olla de vapor

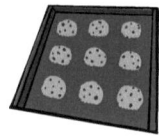

የመጋገሪያ ትሪ

....

bandeja de horno

ሰብስቦች

....

vajilla

ትልቅ ኩባያ

....

vaso

ጎድጓዳ ሳህን

....

bol

ቾፕስቲክስ

....

palillos para comer

ጭልፋ

....

cucharón de sopa

መሰቅሰቂያ ዝርግ ማንኪያ

....

espátula

ማደባለቂያ

....

batidor

መወጠሪያ

....

colador

ወንፊት

....

cedazo

መፈርፈሪያ መሳሪያ

....

rallador

ሲሚንቶ

....

mortero

የፍም ጥብስ

....

parrillada

የተለቀቀ እሳት

....

fogata

መክተፊያ

tabla de picar

ተንሸራታች መርፌ

rodillo

የጠርሙስ መክፈቻ

sacacorchos

ጣሳ

lata

የጣሳ መክፈቻ

abrelatas

የማሰሮ መሸፈኛ

agarrador

ሳህን ማጠቢያ

fregadero

ብሩሽ

cepillo

ስፖንጅ

esponja

መደባለቂያ መሳሪያ

batidora

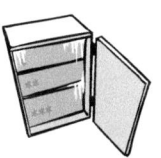

በጣም ማቀዝቀዣ

arcón congelador

ጡጦ

biberón

ቧንቧ

grifo

መታጠቢያ ቤት

cuarto de baño

ማሞቂያ
calefacción
ፎጣ
toalla
መታጠቢያ
ducha
የመታጠቢያ ቤት መጋረጃ
cortina para ducha
የአረፋ መታጠቢያ
baño de espuma
የመታጠቢያ ገንዳ
bañera
ብርጭቆ
vaso
የልብስ ማጠቢያ
lavadora
ቧንቧ
grifo
ማዕዘን ወለል
baldosa
orinal
ሳህን ማጠቢያ
fregadero

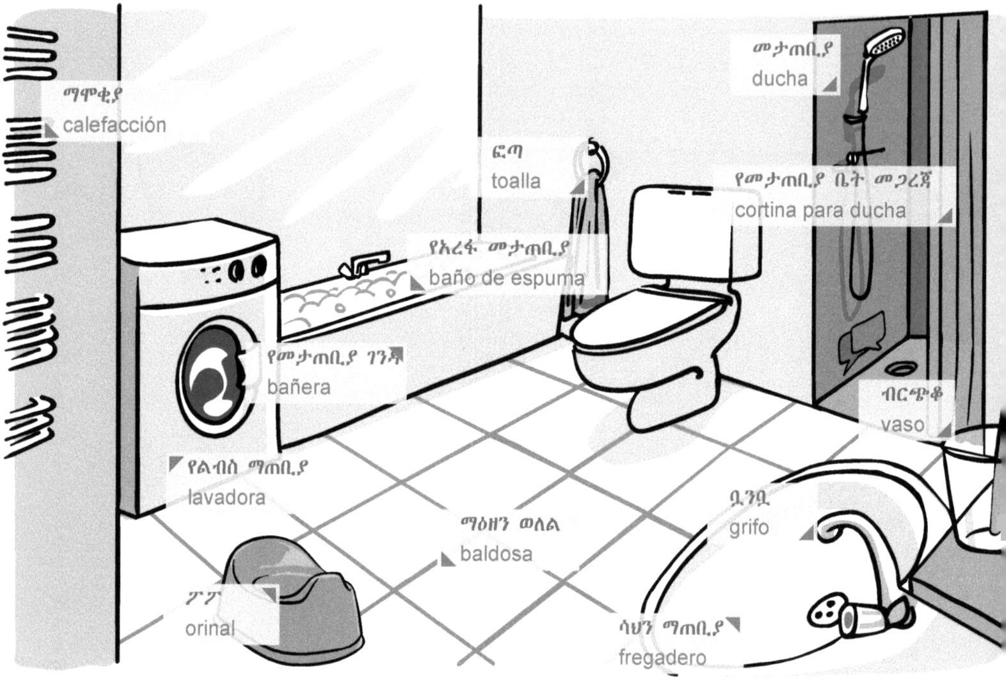

ሽንት ቤት

cuarto de baño

የሽንት ቤት መቀመጫ

placa turca

ሳፋ

bidé

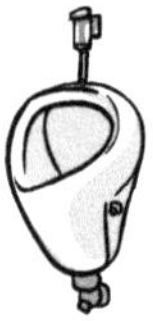

የመንገድ ዳር መሽኛ

urinario

የሽንት ቤት ወረቀት

papel higiénico

የሽንት ቤት ማፅጃ ብሩሽ

escobilla para el cuarto de baño

የጥርስ ብሩሽ
....
cepillo de dientes

የጥርስ ሳሙና
....
pasta dentífrica

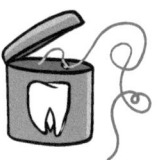

የጥርስ ማፅጃ ክር
....
seda dental

መታጠብ
....
lavar

የእጅ መታጠቢያ
....
ducha teléfono

መታጠቢያ
....
ducha higiénica

ጎድጓዳ ሳህን
....
cuenco

የጀርባ ብሩሽ
....
cepillo para la espalda

ሳሙና
....
jabón

መታጠቢያ የሚዝለገለግ ሳሙና
....
gel de ducha

የፀጉር መታጠቢያ ሳሙና
....
champú

ለስላሳ ጨርቅ
....
manopla para baño

ፍሳሽ
....
desagüe

ክሬም
....
crema

ጠረን መቀየሪያ ንጥረ ነገር
....
desodorante

መስታወት

espejo

የእጅ መስታወት

espejo de maquillaje

ምላጭ

máquina de afeitar

የመላጫ አረፋ

espuma de afeitar

ከመላጨት በኋላ የሚቀባ ሽቱ

loción para después del afeitado

ማበጠሪያ

peine

ብሩሽ

cepillo

የፀጉር ማድረቂያ

secador para cabello

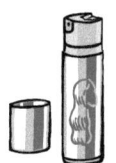

በፀጉር ላይ የሚነፋ

laca de peinado

የፊት መቀባቢያ

maquillaje

የከንፈር ቀለም

lápiz labial

የጥፍር ቀለም

laca para uñas

የጥጥ ሱፍ

algodón

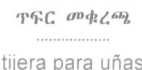

ጥፍር መቁረጫ

tijera para uñas

ሽቶ

perfume

ማጠቢያ ባልዲ

....

neceser

መቀመጫ

....

taburete

ሚዛን

....

balanza

የመታጠቢያ ልብስ

....

bata de baño

የላስቲክ ጓንት

....

guantes de goma

ሞዴስ

....

tampón

የፅዳት ፎጣ

....

compresa

የሽንት ቤት ኬሚካል

....

wáter químico

የልጅ ክፍል
cuarto de los niños

የማንቂያ ደዉል ሰዐት
despertador
የህፃን አሻንጉሊት
animal de peluche
የመጫወቻ መኪና
auto de juguete
ማንገጫገጫ
መጫወቻ
sonajero
የአሻንጉሊት ቤት
casa de muñecas
ስጦታ
obsequio

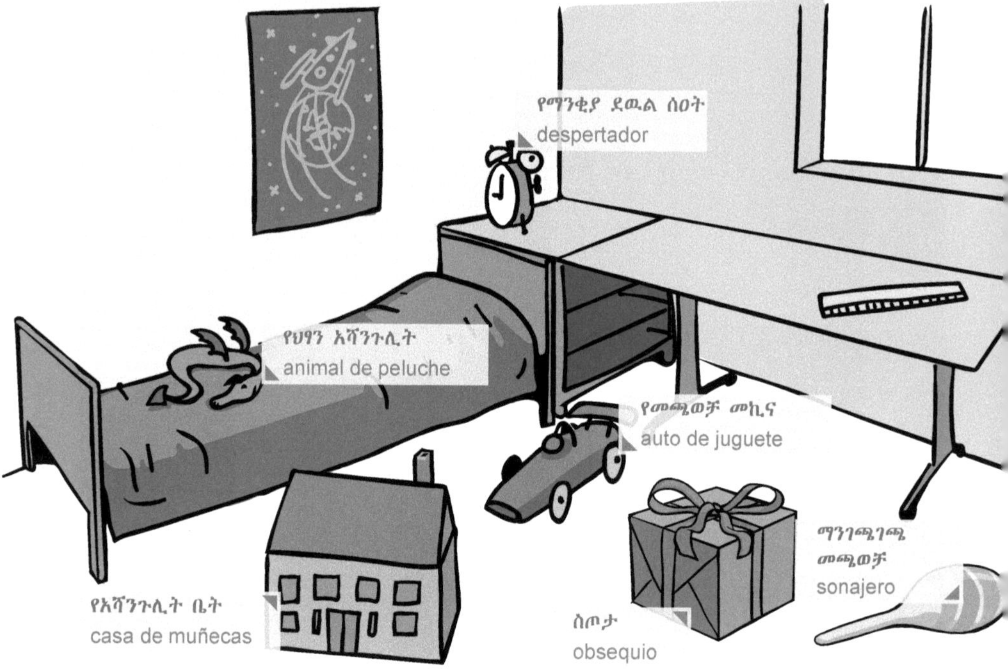

ፊኛ
....
globo

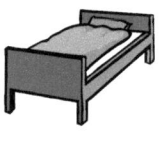

አልጋ
....
cama

የህፃን ማንሸራሸሪያ ጋሪ
....
cochecito para niños

የካርታ መጫወቻ
....
juego de barajas

ቁርጥራጭ ምስሎችን የማገጣጠም
እና ምስል የማግኘት ጨዋታ
....
rompecabezas

አዝናኝ
....
cómic

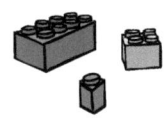

ተገጣጣሚ መጫወቻ

....

piezas de Lego

የመጫወቻ መገጣጠሚያዎች

....

bloques para jugar

የድርጊት ምስል

....

figura de acción

የህፃን እድገት

....

pijama de una pieza

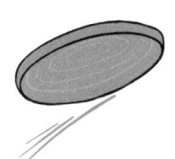

የፕላስቲክ መጫወቻ ዝርግ ሰሀን

....

frisbee

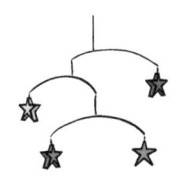

ተወዛዋዥ የህፃን ማጫወቻ

....

móvil

የሰሌዳ ጨዋታ

....

juego de mesa

የመጫወቻ ጠጠር

....

dado

የመጫወቻ ባቡር

....

tren eléctrico a escala

የእንጀራ እናት ጡጦ

....

chupete

ድግስ

....

fiesta

የስዕል መፅሀፍ

....

libro de dibujos

ኳስ

....

pelota

አሻንጉሊት

....

títere

መጫወት

....

jugar

የአሸዋ መጫወቻ

arenero

ዥዋዥዌ

columpio

መጫወቻዎች

juguetes

የቪዲዮ መጫወቻ

consola de videojuego

ባለ ሶስት ጎማ ብስክሌት

triciclo

የአሻንጉሊት ድብ

osito de peluche

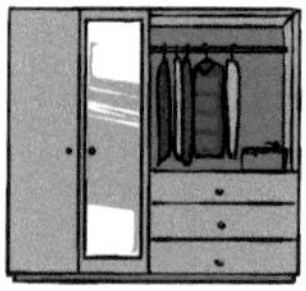

ቁምሳጥን

guardarropa

አልባሳት

vestimenta

ካልሲዎች

calcetines

ስቶኪንጎች

medias

ታይት

panti

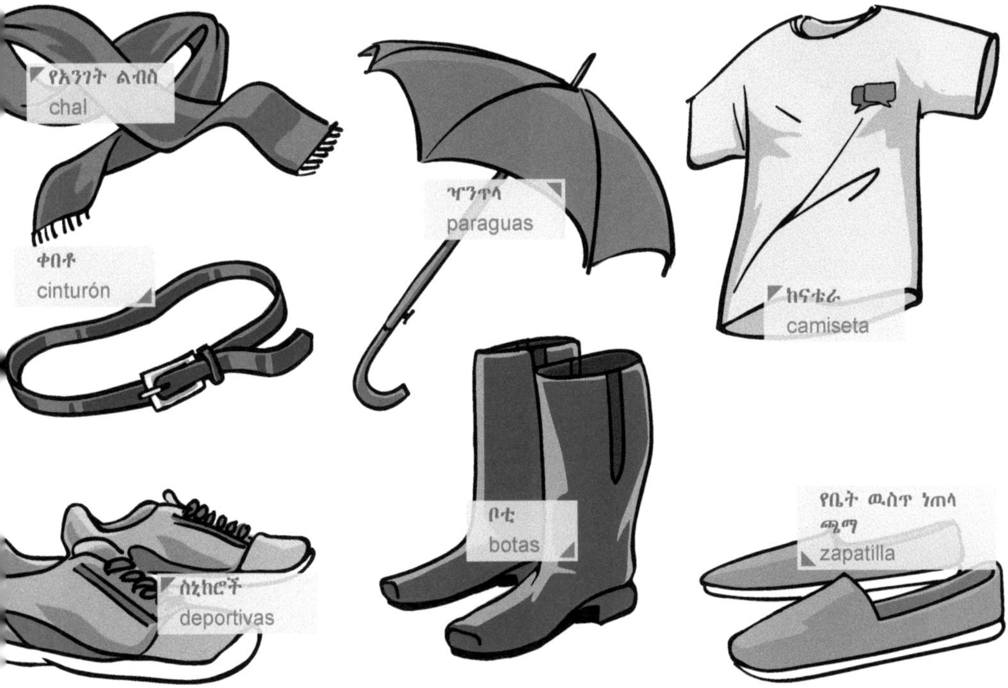

የአንገት ልብስ
chal

ጃንጥላ
paraguas

ቀበቶ
cinturón

ክናቴራ
camiseta

ቦቲ
botas

ስኒከሮች
deportivas

የቤት ዉስጥ ነጠላ ጫማ
zapatilla

ነጠላ ጫማዎች
....
sandalias

ጫማዎች
....
zapatos

የጎማብ ቡትስ
....
botas de goma

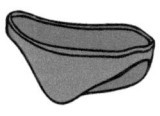

ሙታንታ
....
ropa interior

ጡት መያዣ
....
corpiño

ሰደርያ
....
camiseta

ሰዉነት

body

ሱሪዎች

pantalón

ጅንስ

jeans

ጉርድ ቀሚስ

falda

ሸሚዝ

blusa

ሸሚዝ

camisa

የሚጠለቅ ሹራብ

pullover

ሹራብ

sweater

ዩኒፎርም ጃኬት

blazer

ጃኬት

chaqueta

ኮት

abrigo

የዝናብ ኮት

impermeable

ልብስ

traje chaqueta

ቀሚስ

vestido

የሙሽራ ቀሚስ

vestido de bodas

ሱፍ

traje

የለሊት ልብስ

camisón

የለሊት ልብስ

pijama

ረጅም ቀሚስ

sari

ሂጃብ

pañuelo de cabeza

ጥምጣም

turbante

ቡርቃ

burka

ሽርጥ

caftán

አባያ

abaya

የዋና ልብስ

traje de baño

አጭር ቁምጣ

bañador

ቁምጣዎች

shorts

የስራ ቱታ

chándal

ሽርጥ

delantal

ጓንት

guante

ቁልፍ

botón

መነፅር

gafa

አምባር

brazalete

የአንገት ሀብል

cadena

ቀለበት

anillo

የጆሮ ጌጥ

aro

ኮፍያ

gorra

የኮት መስቀያ

percha

ኮፍያ

sombrero

ከረቫት

corbata

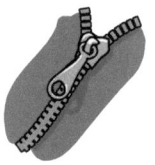

ዚፕ

cierre a cremallera

የብረት ቆብ

casco

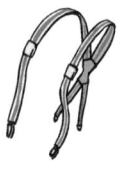

መደገፊያ

tiradores

የትምህርት ቤት የደንብ ልብስ

uniforme escolar

የደንብ ልብስ

uniforme

መሃረብ
....
babero

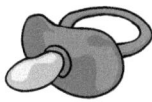

የእንጀራ እናት ጡጦ
....
chupete

ሽንት ጨርቅ
....
pañal

ቢሮ
oficina

ማሰራጫ ጣቢያ
servidor
የፋይል መደርደሪያ ካቢኔ
archivador
የህትመት መሳሪያ
impresora
ወረቀት
papel
መቆጣጠሪያ
monitor
ratón
መፃፊያ ጠረጴዛ
escritorio
ማህደር
carpeta
የመፃፊ ቁልፎች
teclado
የቆሻሻ ወረቀት መጣያ ቅርጫት
cesto de papeles
ኮምፒዉተር
ordenador
ወንበር
silla

የቡና መጠጫ ትልቅ ኩባያ
....
taza de café

ማስሊያ ማሽን
....
calculadora

ኢንተርኔት
....
internet

ላፕቶፕ

laptop

ደብዳቤ

carta

መልዕክት

mensaje

ተንቀሳቃሽ ስልክ

teléfono móvil

የግንኙነት አዉታር

red

ማባዣ ማሽን

fotocopiadora

ሶፍትዌር

software

ስልክ

teléfono

የግድግዳ ሶኬት

tomacorriente

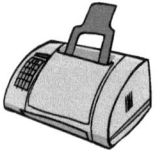

የፋክስ ማሽን

máquina de fax

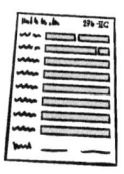

ቅፅ

formulario

ሰነድ

documento

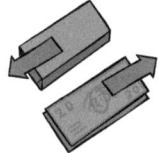

መግዛት

comprar

መክፈል

pagar

መነገድ

comerciar

ገንዘብ

dinero

 **USD**

ዶላር

dólar

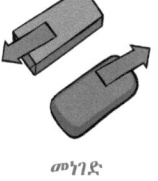 **EUR**

ዩሮ

euro

 **JPY**

የን

yen

 **RUB**

ሩብል

rublo

 **CHF**

የስዊዝ ፍራንክ

franco

 **CNY**

ሬንሚንቢ ዩዋን

renminbi

 **INR**

ሩጲ

rupia

የገንዘብ ነጥብ

cajero automático

የዉጭ ገንዘብ ምንዛሪ ቢሮ

casa de cambio

ወርቅ

oro

ብር

plata

ዘይት

petróleo

ሀይል፤ ጉልበት

energía

ዋጋ

precio

ግንኙነት

contrato

ቀረጥ

impuesto

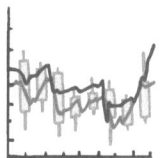

አክስዮን

acción

መስራት

trabajar

ተቀጣሪ

empleado

ቀጣሪ

empleador

ፋብሪካ

fábrica

ሱቅ

negocio

የስራ ሙያዎች

የፖሊስ አዛዥ
policía
የእሳት አደጋ ሰራተኛ
bombero
ምግብ አብሳይ
cocinero
ዶክተር
médico
አብራሪ
piloto

አትክልተኛ
....
jardinero

አናጢ
....
carpintero

ልብስ ሰፊ ሴት
....
costurera

ዳኛ
....
juez

ቀማሚ
....
químico

ተዋናይ
....
actor

የአዉቶቢስ ሹፌር

conductor de autobús

የታክሲ ሹፌር

taxista

አሳ አጥማጅ

pescador

ፅዳት ሰራተኛ

mujer de la limpieza

የጣራ ሰራተኛ

techista

አስተናጋጅ

camarero

አዳኝ

cazador

ሰዓሊ

pintor

ጋጋሪ

panadero

የኤሌትሪክ ሰራተኛ

electricista

ገምቢ

albañil

መሃሃዲስ

ingeniero

ልኳንዳ

carnicero

የቧንቧ ሰራተኛ

fontanero

የፖስታ ሰራተኛ

cartero

ወታደር
soldado

መሃንዲስ
arquitecto

የሒሳብ ሰራተኛ
cajero

አበባ ሻጭ
florista

የፀጉር ሰራተኛ
peluquero

ቲኬት ቆራጭ
cobrador

መካኒክ
mecánico

ካፒቴን
capitán

የጥርስ ሐኪም
odontólogo

ተመራማሪ
científico

መምህር
rabino

የሙስሊም ሃይማኖታዊ መሪ
imam

መነኩሴ
monje

ካህን
párroco

የስራ ሙያዎች - ocupaciones 55

መሳሪያዎች
herramientas

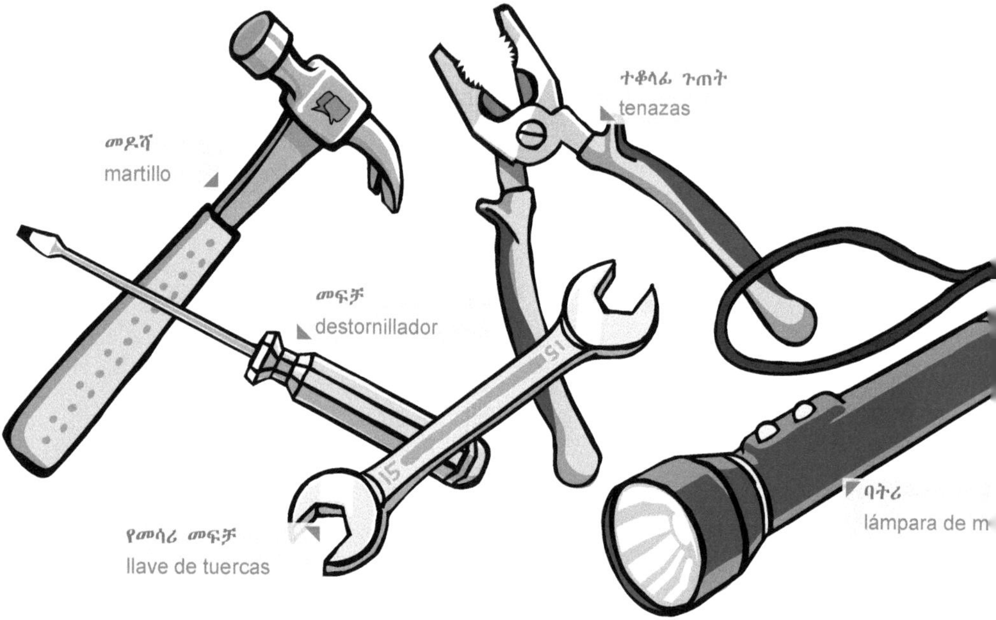

መዶሻ
martillo
ተቆላፊ ጉጠት
tenazas
መፍቻ
destornillador
የመሳሪ መፍቻ
llave de tuercas
ባትሪ
lámpara de m

በቁፋሮ የሚዝቅ

excavadora

የመፍቻ ሳጥን

caja de herramientas

መሰላል

escalerilla

መጋዝ

serrucho

ምስማር

clavos

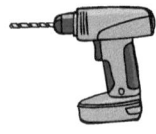

መሰርሰሪያ

taladro

መጠገን

reparar

አካፋ

pala

የተረገመ!

¡Maldición!

ቆሻሻ ማፈሻ

recogedor

የቀለም ቆርቆሮ

lata de pintura

ብሎን

tornillos

የሙዚቃ መሳሪያዎች

instrumentos musicales

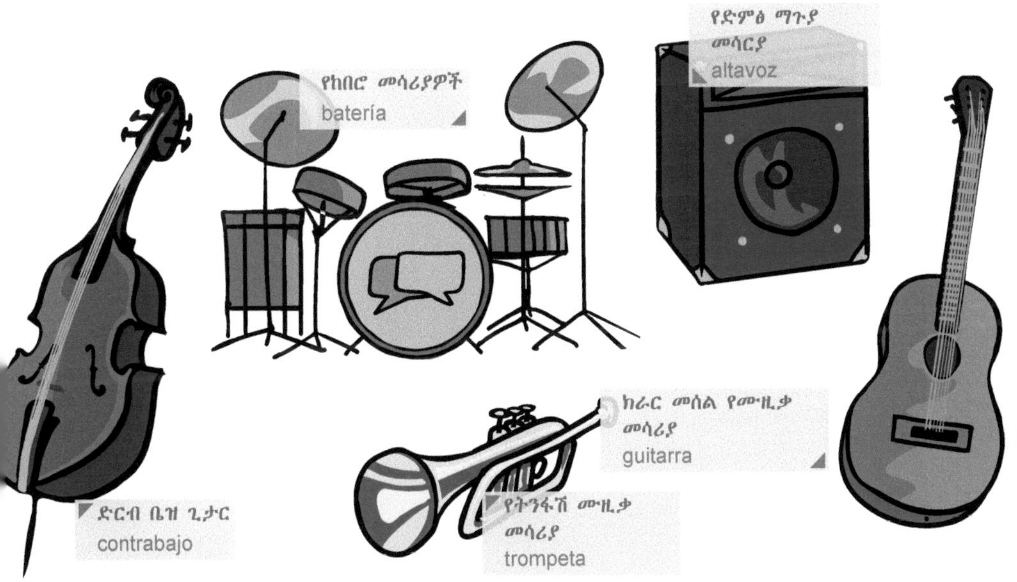

የድምፅ ማጉያ መሳርያ
altavoz
የከበሮ መሳሪያዎች
batería
ክራር መሰል የሙዚቃ መሳሪያ
guitarra
የትንፋሽ ሙዚቃ መሳሪያ
trompeta
ድርብ ቤዝ ጊታር
contrabajo

ፒያኖ
piano

ቫዮሊን
violín

ወፍራም፤ ጎርናና ድምፅ ያለዉ ክራር መሰል ሙዚቃ መሳሪያ
bajo

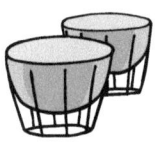

ነጋሪት
timbales

ከበሮ
tambor

በኤሌክትሪክ የሚሰራ ፒኖ
teclado

የትንፋሽ ሙዚቃ መሳሪያ
saxofón

ዋሽንት
flauta

የድምፅ ማጉያ
micrófono

ነብር
tigre
መግቢያ
entrada
ሳጥን
jaula
የሜዳ አህያ
cebra
የእንስሳ ምግብ
comida para animales
ትልቅ ድብ
panda

እንስሳቶች

animales

ዝሆን

elefante

ካንጋሮ

canguro

አዉራሪስ

rinoceronte

ትልቅ ዝንጀሮ

gorila

ድብ

oso

ግመል

camello

ሰጎን

avestruz

አንበሳ

león

ጦጣ

mono

ቅልጥመ ረዥም ወፍ

flamengo

በቀቀን

papagayo

የወዋልታ ድብ

oso polar

የዋልታ ወፎች

pingüino

ረጅም ጥርሶች ያሉትአሳ ነባሪ

tiburón

ጣዎስ

pavo real

እባብ

serpiente

አዞ

cocodrilo

የዱር አራዊት የሚጠበቁበት ማቆያን የሚጠብቅ

cuidador del zoológico

አሳ በሊታ የባህር እንስሳ

foca

የዱር ድመት

jaguar

ድንክ ፈረስ

pony

ነብር

leopardo

ጉማሬ

hipopótamo

ቀጭኔ

jirafa

ንስር

águila

ከርከሮ

jabalí

አሳ

pescado

የባህር ኤሊ

tortuga

የባህር አዉሬ

morsa

ቀበሮ

zorro

የሜዳ ፍየል፤ ሚዳቋ

gacela

የስፖርት አይነቶች

deporte

የአሜሪካ እግርኳስ
fútbol americano
የብስክሌት ስፖርት
ciclismo
ቴኒስ
tenis
የቅርጫት ኳስ
baloncesto
ዋና
natación
የቡጢ ስፖርት
boxeo
የበረዶ ላይ የገና ጨዋታ
hockey sobre hielo

እግር ኳስ

fútbol

የላባ ኳስ ጨዋታ

badminton

አትሌቲክስ

atletismo

የእጅ ኳስ ስፖርት

balonmano

የበረዶ መንሸራተት ስፖርት

esquí

ፈረስ ግልቢያ

polo

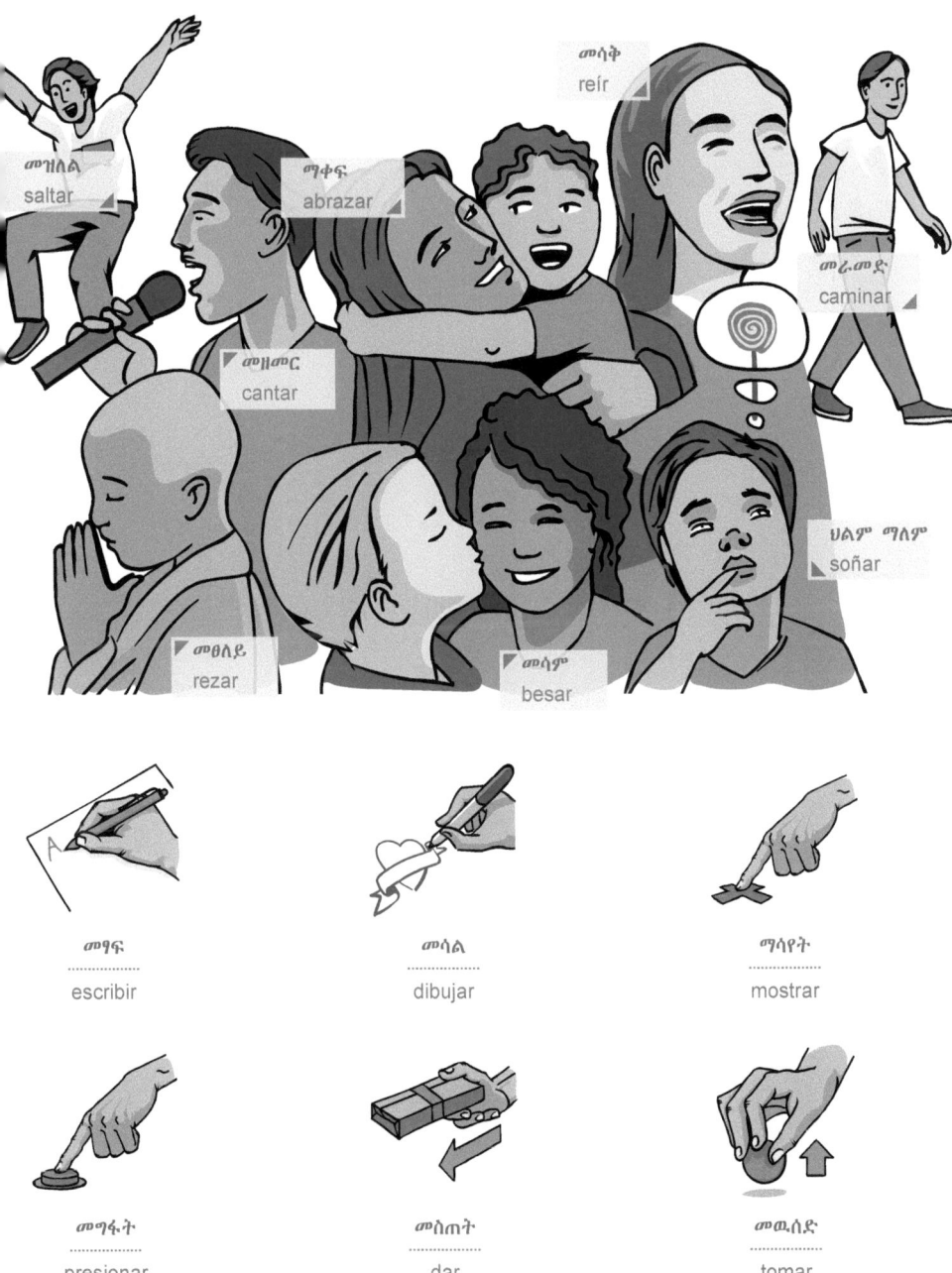

እንቅስቃሴዎች
actividades

መዝለል
saltar
ማቀፍ
abrazar
መሳቅ
reír
መራመድ
caminar
መዘመር
cantar
ህልም ማለም
soñar
rezar
መሳም
besar

መፃፍ
escribir

መሳል
dibujar

ማሳየት
mostrar

መግፋት
presionar

መስጠት
dar

መዉሰድ
tomar

መያዝ

tener

ማድረግ

hacer

መሆን

ser

መቆም

estar de pie

መሮጥ

correr

መሳብ

tirar

መወርወር

arrojar

መዉደቅ

caer

መዋሸት

estar acostado

መጠበቅ

esperar

መሸከም

llevar

መቀመጥ

estar sentado

መልበስ

vestirse

መተኛት

dormir

መንቃት

despertar

መመልከት

mirar

ማለልቀስ

llorar

መጫር

acariciar

ማበጠር

peinarse

ማዉራት

conversar

መረዳት

entender

ጥያቄ

preguntar

ማዳመጥ

oír

መጠጣት

beber

መብላት

comer

ማንፃት

asear

ማፍቀር

amar

ምግብ ማብሰል

cocinar

መንዳት

conducir

መብረር

volar

መርከብ መንዳት
....
navegar

ቁጥሮችን ማስላት
....
calcular

ማንበብ
....
leer

መማር
....
aprender

መስራት
....
trabajar

ማግባት
....
casarse

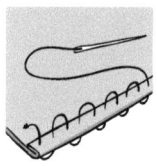

መስፋት
....
coser

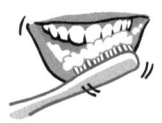

ጥርስ መቦረሽ
....
limpiarse los dientes

መግደል
....
matar

ማጨስ
....
fumar

መላክ
....
enviar

ቤተሰብ

familia

የሴት አያት
abuela
የወንድ አያት
abuelo
አባት
padre
እናት
madre
ህፃን
bebé
ሴት ልጅ
hija
ወንድ ልጅ
hijo

እንግዳ

invitado

አክስት

tía

አጎት

tío

ወንድም

hermano

እህት

hermana

አካል

cuerpo

ግንባር
frente
አይን
ojo
ፊት
cara
አገጭ
barbilla
ጡት
pecho
ጣት
dedo
እጅ
mano
ክንድ
brazo
ትከሻ
hombro
እግር
pierna

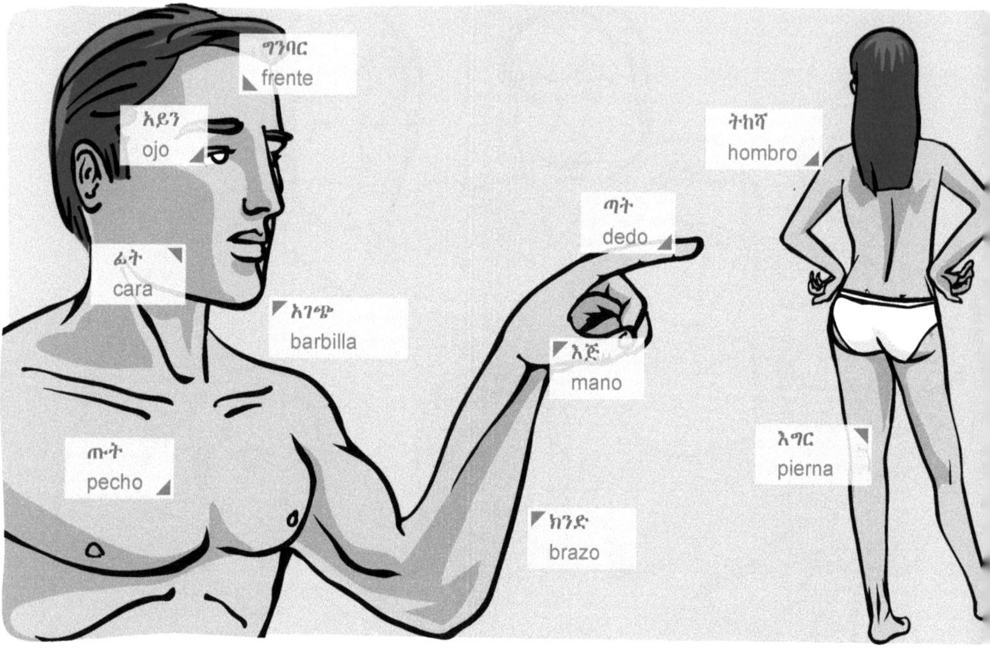

ህፃን

bebé

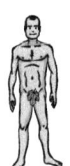

ሰዉ

hombre

ሴት

mujer

ልጃገረድ

muchacha

ወንድ ልጅ

joven

ራስ

cabeza

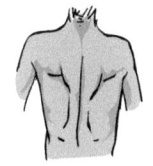

ጀርባ

espalda

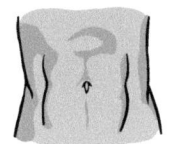

ሆድ

vientre

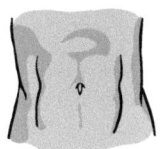

እምብርት

ombligo

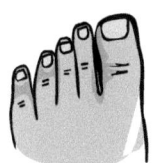

የእግር ጣት

dedo del pie

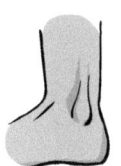

ተረከዝ

talón

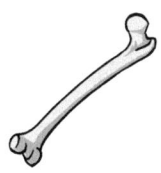

አጥንት

hueso

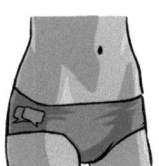

ዳሌ

cadera

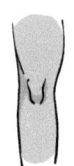

ጉልበት

rodilla

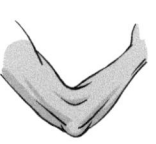

ክርን

codo

አፍንጫ

nariz

ቂጥ

trasero

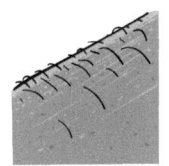

ቆዳ

piel

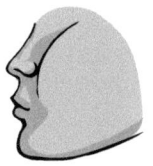

ጉንጭ

mejilla

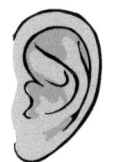

ጆሮ

oreja

ከንፈር

labio

አፍ

boca

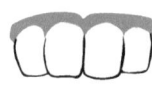

ጥርስ

diente

ምላስ

lengua

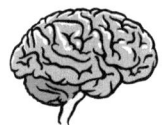

አንጎል

cerebro

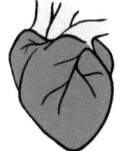

ልብ

corazón

ጡንቻ

músculo

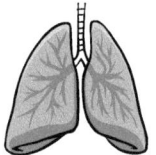

ሳምባ

pulmón

ጉበት

hígado

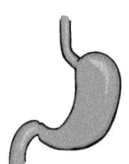

ሆድ

estómago

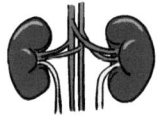

ኩላሊቶች

riñones

የግብረስጋ ግንኙነት

relación sexual

ኮንዶም

condón

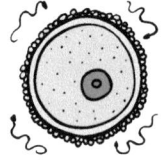

የሴት እንቁላል

Óvulo

የዘር ፈሳሽ

esperma

እርግዝና

embarazo

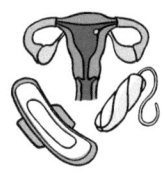

የወር አበባ
....
menstruación

እምስ
....
vagina

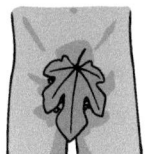

ቁላ
....
pene

ቅንድብ
....
ceja

ፀጉር
....
cabello

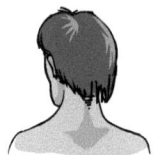

አንገት
....
cuello

ሆስፒታል

hospital

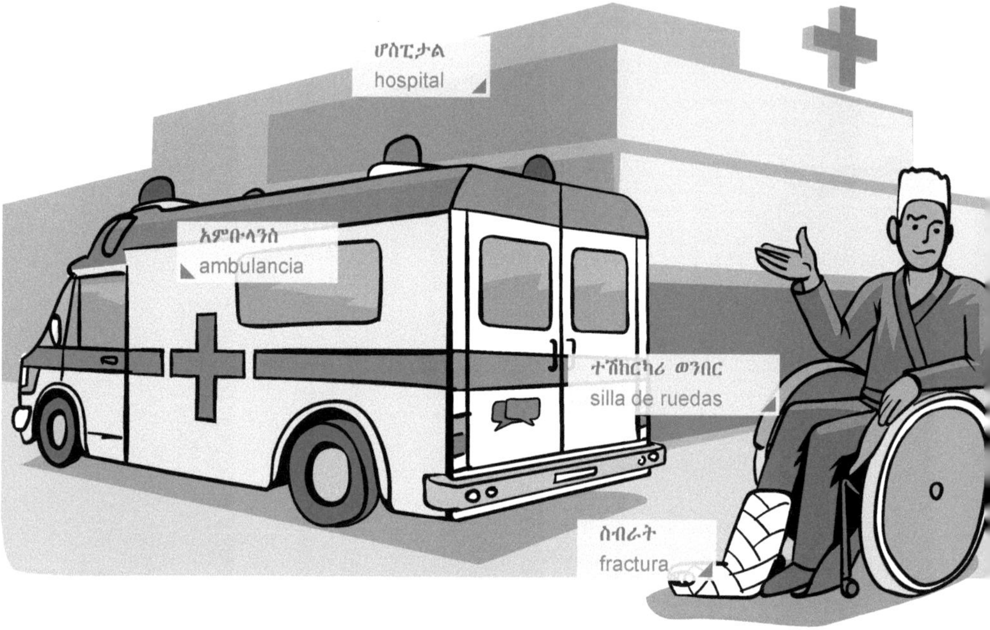

ሆስፒታል
hospital
አምቡላንስ
ambulancia
ተሽከርካሪ ወንበር
silla de ruedas
ስብራት
fractura

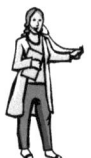

ዶክተር

médico

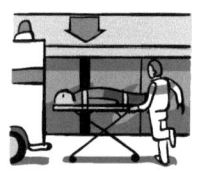

ድንገተኛ ክፍል

admisión de urgencia

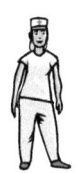

ነርስ

enfermera

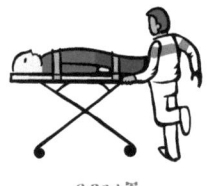

ድንገተኛ

emergencia

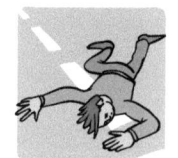

ራስን መሳት/ አለማወቅ

inconsciente

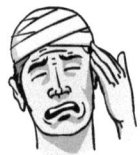

ህመም

dolor

ጉዳት
....
lesión

መድማት
....
hemorragia

የልብ ድካም
....
infarto de miocardio

ስትሮክ
....
apoplejía cerebral

አለርጂ
....
alergia

ሳል
....
tos

ትኩሳት
....
fiebre

ኢንፍሉዌንዛ
....
gripe

ተቅማጥ
....
diarrea

የራስ ምታት
....
dolor de cabeza

ካንሰር
....
cáncer

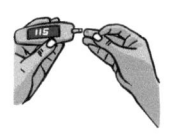

የስኳር በሽታ
....
diabetes

ቀዶ ጠጋኝ ሐኪም
....
cirujano

የቀዶ ጥገና ስለት
....
escalpelo

ቀዶ ጥገና
....
operación

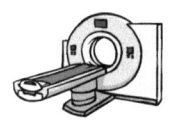

ሲቲ

TC

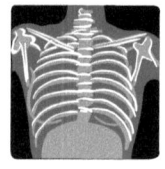

ኤክስሬዮ

rayos X

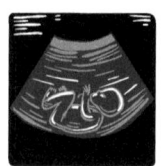

አልትራሳዉንድ

ultrasonido

የፊት ጭምብል

máscara

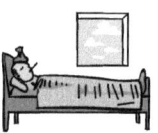

በሽታ

enfermedad

መጠበቂያ ክፍል

sala de espera

ምርኩዝ

muleta

የቁስል ማሸጊያ

emplasto

ፋሻ

vendaje

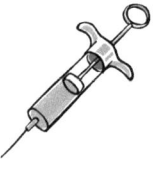

መርፌ

inyección

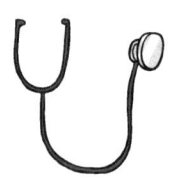

የልብ ምት ማዳመጫ መሳሪያ

estetoscopio

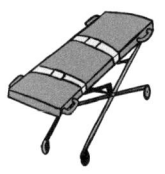

የበሽተኛ አልጋ

camilla

የህክምና ሙቀት መለኪያ መሳሪያ

termómetro

መውለድ

nacimiento

ከልክ ያለፈ ክብደት

sobrepeso

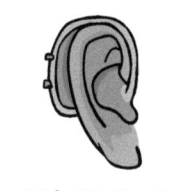

መስማት የሚረዳ መሳሪያ

audífono

ፀረ ተባይ መድሀኒት

desinfectante

ማመርቀዝ

infección

ቫይረስ

virus

ኤች አይቪ ኤድስ

VIH / SIDA

ህክምና

medicina

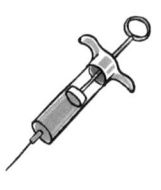

ክትባት

vacunación

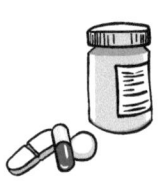

ኪኒን

comprimido

ኪኒን

píldora anticonceptiva

አስቸኳይ የስልክ ጥሪ

amada de emergencia

ደም ግፊት መቆጣጠሪያ

medidor de presión arterial

ህመም/ ጤንነት

enfermo / saludable

ድንገተኛ

emergencia

እርዳታ!

¡Ayuda!

ማንቂያ ደዉል

alarma

ጥቃት

asalto

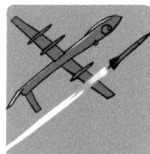

ድብደባ

ataque

አደጋ

peligro

የድንገተኛ መዉጫ

salida de emergencia

እሳት!

¡Fuego!

እሳት ማጥፊያ

extintor

አደጋ

accidente

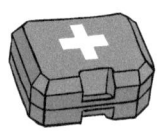

የመጀመሪያ እርዳታ መድሃኒት መያዣ

kit de primeros auxilios

ነፍስ አድን

SOS

ፖሊስ

Policía

አዉሮፓ

Europa

ሰሜን አሜሪካ

América del Norte

ደቡብ አሜሪካ

América del Sur

አፍሪካ

África

እስያ

Asia

አዉስትራሊያ

Australia

አትላንቲክ

Atlántico

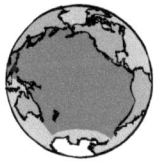

ፓስፊክ

Pacífico

የህንድ ዉቅያኖስ

Océano Índico

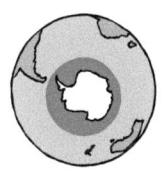

አንታርክቲክ ዉቅያኖስ

Océano Antártico

አርክቲክ ዉቅያኖስ

Océano Ártico

ሰሜን ዋልታ

Polo Norte

ደቡብ ዋልታ
Polo Sur

አንታርክቲካ
Antártida

ምድር
Tierra

መሬት
país

ባህር
mar

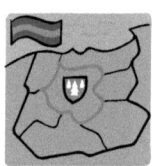

ደሴት
isla

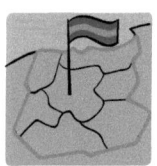

አገርና ህዝብ
nación

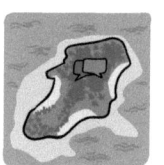

መንግስት
Estado

ሰዓት

reloj

የሰዓት ገፅታ

cuadrante

ሰዓት

horario

ደቂቃ

minutero

ሴኮንድ

segundero

ስንት ሰዓት ነው?

¿Qué hora es?

ቀን

día

ጊዜ

tiempo

አሁን

ahora

የቁጥር ሰዐት

reloj digital

ደቂቃ

minuto

ሰዓታት

hora

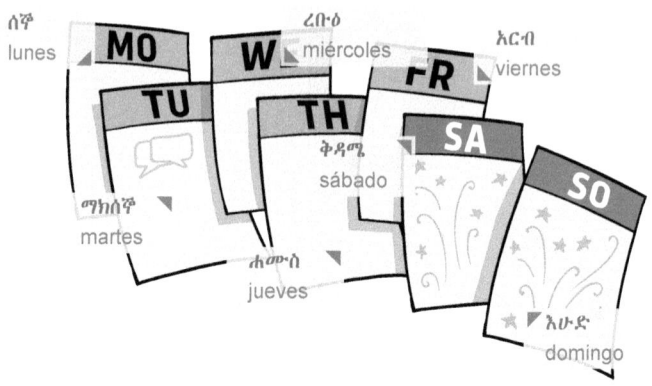

ሳምንት

semana

ሰኞ
lunes
ረቡዕ
miércoles
viernes
SA
ቅዳሜ
sábado
ማክሰኞ
martes
ሐሙስ
jueves
እሁድ
domingo

ትላንት

ayer

ዛሬ

hoy

ነገ

mañana

ማለዳ

mañana

ቀትር

mediodía

ምሽት

tarde

የስራ ቀናት

jornada de trabajo

የዕረፍት ቀናት

fin de semana

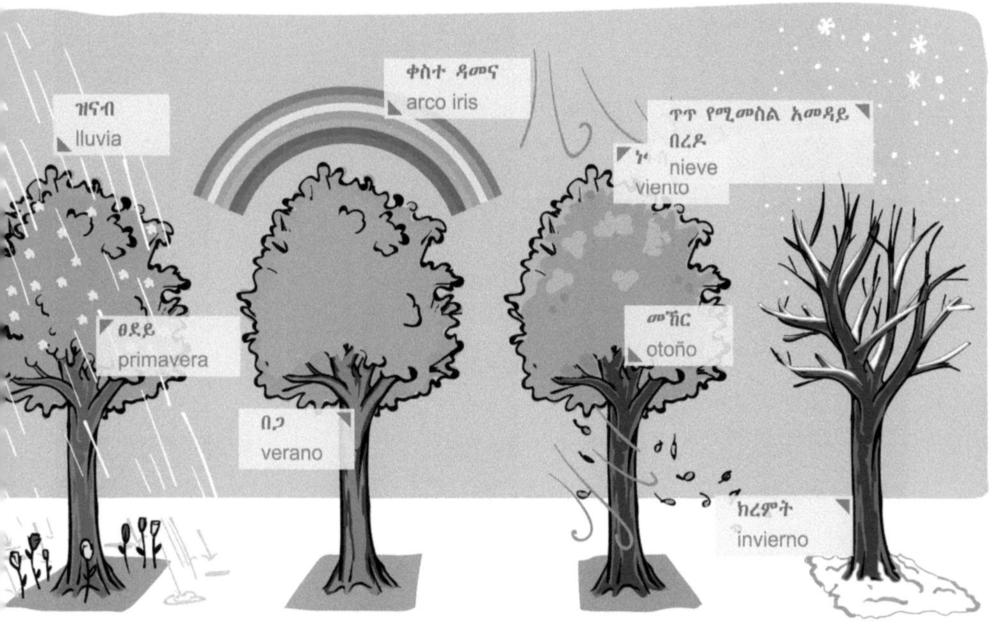

ዝናብ
lluvia
ቀስተ ዳመና
arco iris
ጥጥ የሚመስል አመዳይ
በረዶ
nieve
viento
ፀደይ
primavera
መኸር
otoño
በጋ
verano
ክረምት
invierno

የአየር ሁኔታ ትንበያ

onóstico meteorológico

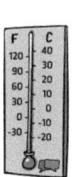

የሙቀት መለኪያ

termómetro

የፀሀይ ሙቀት

luz solar

ደመና

nube

ጭጋግ

niebla

እርጥበታማነት

humedad ambiente

መብረቅ

relámpago

ነጎድጓድ

trueno

አዉሎ ንፋስ

tormenta

የበረዶ ዝናብ

granizo

አዉሎ ንፋስ

monzón

ጎርፍ

inundación

በረዶ

hielo

ጥር

enero

የካቲት

febrero

መጋቢት

marzo

ሚያዚያ

abril

ግንቦት

mayo

ሰኔ

junio

ሐምሌ

julio

ነሀሴ

agosto

ዓመት - año

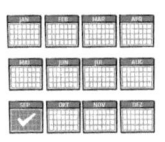

መስከረም

septiembre

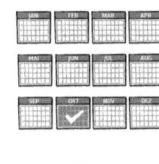

ጥቅምት

octubre

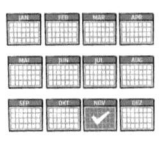

ህዳር

noviembre

ታህሳስ

diciembre

ቅርፆች
formas

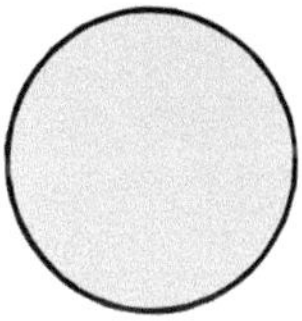

ክብ

círculo

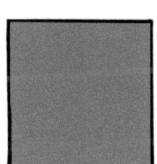

አራት ማዕዘን

cuadrado

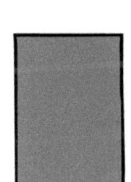

አራት ቀጥተኛ ማዕዘኖች ጎኖች ያሉት ቅርፅ

rectángulo

ሶስት ማዕዘን

triángulo

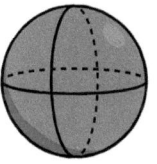

ሉል

esfera

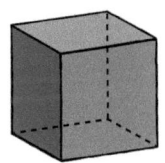

ስድስት ጎን ያለዉ ቅርፅ

cubo

ቀለማት

colores

ነጭ

blanco

ቢጫ

amarillo

ብርቱካናማ

anaranjado

ሮዝ

rosa

ቀይ

rojo

ወይን ጠጅ

lila

ሰማያዊ

azul

አረንጓዴ

verde

ቡኒ

marrón

ግራጫ

gris

ጥቁር

negro

ብዙ/ ጥቂት

mucho / poco

ንዴት/ እርጋታ

enojado / calmado

ቆንጆ/ አስቀያሚ

bonito / feo

ጅማሬ/ ፍፃሜ

comienzo / fin

ትልቅ/ ትንሽ

grande / pequeño

ደማቅ/ ደብዛዛ

claro / oscuro

ወንድም/ እህት

hermano / hermana

ንፁህ/ ቆሻሻ

limpio / sucio

የተሟላ/ ያልተሟላ

completo / incompleto

ቀን/ ምሽት

día / noche

የሞተ/ ህያዉ

muerto / vivo

ሰፊ/ ጠባብ

ancho / angosto

የሚበላ/ የማይበላ

disfrutable / no disfrutable

ክፉ/ ደግ

malo / amigable

ደስተኛ/ ድብርተኛ

excitado / aburrido

ወፍራም/ ቀጭን

gordo / delgado

መጀመርያ/ መጨረሻ

primero / último

ጓደኛ/ ጠላት

amigo / enemigo

ሙሉ/ ጎዶሎ

lleno / vacío

ጠንካራ/ ለስላሳ

duro / suave

ከባድ/ ቀላል

pesado / liviano

ረሃብ/ ጥማት

hambre / sed

ህመም/ ጤንነት

enfermo / saludable

ህገወጥ/ ህጋዊ

ilegal / legal

ጎበዝ/ ደደብ

inteligente / tonto

ግራ/ ቀኝ

izquierda / derecha

ቅርብ/ ሩቅ

cercano / lejano

አዲስ/ አሮጌ

nuevo / usado

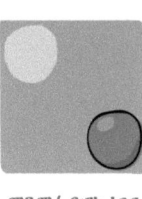

ምንም/ የሆነ ነገር

nada / algo

ሽማግሌ/ ወጣት

viejo / joven

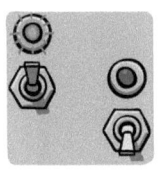

የበራ/ የጠፋ

encendido / apagado

ክፍት/ ዝግ

abierto / cerrado

ፀጥታ/ ጫጫታ

bajo / fuerte

ሃብታም/ ደሃ

rico / pobre

ትክክለኛ/ የተሳሳተ

correcto / incorrecto

ሻካራ/ ለስላሳ

áspero / liso

ሐዘን/ ደስታ

triste / alegre

አጭር/ ረዥም

breve / extenso

ዝግተኛ/ ፈጣን

lento / veloz

እርጥብ/ ደረቅ

mojado / seco

ሞቃት/ ቀዝቃዛ

caliente / frío

ጦርነት/ ሰላም

guerra / paz

ቁጥሮች
números

0

ዜሮ

cero

1

አንድ

uno

2

ሁለት

dos

3

ሶስት

tres

4

አራት

cuatro

5

አምስት

cinco

6

ስድስት

seis

7

ሰባት

siete

8

ስምንት

ocho

9

ዘጠኝ

nueve

10

አስር

diez

11

አስራ አንድ

once

12

አስራ ሁለት

doce

13

አስራ ሶስት

trece

14

አስራ አራት

catorce

15

አስራ አምስት

quince

16

አስራ ስድስት

dieciséis

17

አስራ ሰባት

diecisiete

18

አስራ ሰስምንት

dieciocho

19

አስራ ዘጠኝ

diecinueve

20

ሃያ

veinte

100

መቶ

cien

1.000

ሺህ

mil

1.000.000

ሚሊዮን

millón

ቋንቋዎች

idiomas

እንግሊዝኛ

inglés

የአሜሪካ እንግሊዝኛ

inglés estadounidense

የቻይና ማንዳሪን

chino mandarín

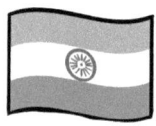

ሂንዱ

hindi

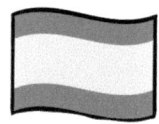

ስፓኒሽ

español

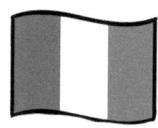

ፍሬንች

francés

አረብኛ

árabe

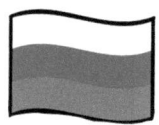

ራሺያኛ

ruso

ፖርቱጊዝ

portugués

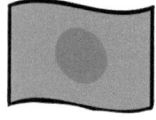

ቤንጋሊ

bengalí

ጀርመን

alemán

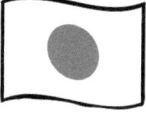

ጃፓንኛ

japonés

እኔ

yo

አንተ

tú

እሱ/ እርሷ/ እቃዉ

él / ella

እኛ

nosotros

አንተ

vosotros

እነርሱ

ellos

ማን?

¿quién?

ምን?

¿qué?

እንዴት?

¿cómo?

የት?

¿dónde?

መቼ?

¿cuándo?

ስም

nombre

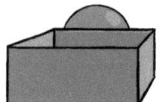

የት

donde

በስተጀርባ

detrás

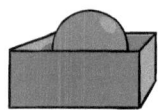

ዉስጥ

en

ከፊት ለፊት

delante de

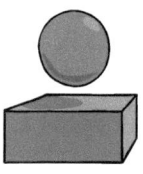

ከላይ

encima de

ላይ

sobre

ከስር

debajo de

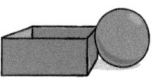

አጠገብ

junto a

መሃከል

entre

ቦታ

lugar